I0122884

JEHAN DE NASTRINGUES

GÉNÉALOGIES PÉRIGOURDINES

NOTICE

Historique, Généalogique & Héraldique

SUR LA MAISON

DE FILHOL DE MÉZIÈRES

BERGERAC

IMPRIMERIE GÉNÉRALE DU SUD-OUEST

1898

NOTICE

HISTORIQUE, GÉNÉALOGIQUE ET HÉRALDIQUE

SUR LA MAISON

DE FILHOL DE MÉZIÈRES

ARMOIRIES DE LA FAMILLE DE FILHOL

D'or à l'aigle éployée de sable (1)

(1) M. de Froidefond (Armorial du Périgord) paraît avoir con-
ondu les différentes familles de ce nom aussi donne-t-il à cette
amille des armoiries toutes différentes mais qui ne lui ont jamais
ppartenu.

JEHAN de NASTRINGUES

Généalogies Périgourdines

NOTICE

Historique, Généalogique & Héraldique

SUR LA MAISON

DE FILHOL DE MÉZIÈRES

BERGERAC

IMPRIMERIE GÉNÉRALE DU SUD-OUEST

1893

Généalogies Périgourdines [1]

MAISON

De FILHOL De MÉZIÈRES

A famille de Filhol (2), en Guienne, originaire de Mézin, en Condomois, vint s'établir à Sainte-Foy, vers

---

(1) La généalogie que nous publions a été dressée à l'aide des archives de la commune de Sainte-Foy (Gironde) et de Vélines (Dordogne); des maintenues de noblesse de 1576, 1654, 1698, 1716, 1772, et des hommages rendus aux archevêques de Bordeaux, aux archives départementales de la Gironde, G. 164, 168, complétés par

le milieu du xve siècle, par le mariage de Guy Filhol, chevalier, avec Marguerite de Lustrac, issue d'une ancienne maison de l'Agénois, barons de Lias, seigneurs de Canabazes, Casault, la

---

les documents en possession de la famille et des familles alliées.

(2 *de la page précédente.*) Le nom de Filhol qui s'est écrit aussi Fillol comme ceux de Cousin, Le Nepveu et tant d'autres, n'a pas besoin d'explication, dit le baron de Coston dans son savant ouvrage sur l'origine des noms propres, et l'étymologie de ce nom n'est pas difficile à trouver. Les Normands introduisirent en Angleterre l'usage fréquent du mot fitz (*filx* et *fix* en vieux français, *filius* en latin, *wilth* en slave, πουλος, πωλος, υιος en grec) placé devant les noms propres comme dans Filtz James, c'est de ce radical (*filius*) que dérivent Fillol et Filhol qui signifient aussi page, jeune serviteur, etc., ou fils, descendant de... A propos du nom de Filtz James, cité plus haut, on sait que la terre de Warties, près Clermont (Oise), fut érigée en duché pairie sous le nom de Fitz-James en faveur du duc de Berwick, fils naturel de Jacques II. — Malgré l'activité de nos recherches, nous n'avons pu jusqu'ici trouver aucune jonction entre la famille de Filhol de Mézières et les familles Fillol de Caillavet, Filhol de Camas et de Filhot, dont l'une d'elles a encore de nombreux représentants.

Martinie, Losse, La Barthe, etc.

Autre Marguerite de Lustrac, fille d'Antoine et de Françoise de Pompadour, épousa Jacques d'Albon, maréchal de France connu sous le nom de maréchal de Saint-André, un des plus magnifiques seigneurs du XVIe siècle, et en secondes noces le 16 octobre 1568 Geoffroy de Caumont, ex-abbé de Clairac et d'Uzerches, qui avait été autorisé à quitter l'état ecclésiastique, après la mort de son frère, pour recueillir sa succession et continuer la descendance.

Malgré la perte d'une partie de ses titres et papiers dans les guerres (1), cette famille a pu faire remonter sa filiation prouvée à

---

(1) Ainsi que le constate une maintenue de noblesse conservée aux Archives de Sainte-Foy-la-Grande.

Guy Filhol, chevalier, trésorier d'Agenais et Gascogne, né en 1435, par des productions faites en 1576, devant le Parlement de Bordeaux, plus tard devant les intendants et devant Chérin pour le service militaire. Plusieurs membres de cette famille ont pris part en 1789 aux assemblées de la noblesse à Sainte-Foy et à Libourne.

Cette famille a formé deux branches qui se sont éteintes de nos jours, l'aînée dans la famille de Caillères et la cadette dans la famille Guénant.

❀❀❀❀❀

I. — Guy Filhol, chevalier, né vers 1435, est qualifié dans plusieurs actes et notamment dans son contrat de mariage d' « honorable et discret seigneur, sire, chevalier, trésorier d'Agenais et de Gascogne ».

Il épousa par contrat passé en 1460 Marguerite de Lustrac ; de ce mariage provinrent plusieurs enfants dont un seul, Colin, qui suit, nous est connu.

II. — Colin de Filhol, chevalier, partagea avec ses frères, par contrat du 20 juillet 1495 les biens délaissés par son père. (Ledit contrat porte qu'il partage avec ses frères suivant la coutume du pays et comme le font habituellement les nobles et les gentilshommes.)

Le 20 décembre 1496 Charles VIII donna commission à Colin de Filhol, pour former une compagnie de lanciers.

De son mariage avec Marie Fauveau il a eu : 1. Pierre qui suit ; 2. Antoine, ne parait pas avoir été marié il vivait encore en 1576 et obtint à cette époque un arrêt de maintenue de noblesse pour lui et Alain son neveu.

III. — Pierre de Filhol, écuyer, seigneur de Mézières, épousa Marie de Lacroix, fille de Pierre de Lacroix (1), écuyer (consul de Sainte-Foy en 1551), seigneur de Parenchère et Couronneau et colonel d'infanterie, et de Jehane de Moustiers (2).

Le 21 mai 1570 Charles IX donna à Pierre de Filhol commission pour former une compagnie de pied. Vers la même époque une sentence fut rendue

---

(1) En 1586 enfermé dans Castillon avec Louis de Chateauneuf, Charles de Rochefort Saint Angel et d'autres chefs de religionnaires, Pierre de Lacroix défendit avec eux cette ville contre les entreprises du duc de Mayenne (Voyez Guinodie, *Histoire de Libourne*, t. III).

(2) Arch. du chât. de Fayolles. Inventaire des papiers de la famille Masmontet au xviie siècle.

en sa faveur par le sénéchal d'Agen constatant que ses prédécesseurs avaient toujours pris les qualifications de nobles et d'écuyers. D'une enquête faite de l'autorité de la cour devant le juge de Sainte-Foy, il résulta que les prédécesseurs de Pierre descendaient d'ancienne et noble race, et qu'ils n'avaient jamais dérogé (1).

Pierre de Filhol testa le 25 novembre 1552 (contrat retenu Lagrange not. roy. à Ste-Foy). Il a laissé : 1. Jeanne qui épousa par contrat du 3 septembre 1560 Estienne de Glane dont elle a eu : Marguerite de Glane, mariée par contrat du 28 août 1583 avec messire Pierre Masmontet de Maravau (*aliàs* Macrabau) fils aîné de Pierre Masmontet de Maravau (2) et de Marie Maulmont; de ce mariage quatre filles et un fils qui a

---

(1) Arch. municipales de Sainte-Foy-la-Grande.

(2) Pierre Masmontet de Maravau était fils de messire Geraud Masmontet, sieur de Maravau et de dame N. du Bourdieu.

continué la descendance Masmontet;
2. Louis-Alain, dont l'article suit.

IV. — Louis-Alain de Filhol, écuyer,
seigneur de Parenchère obtint du Parlement de Bordeaux un arrêt de maintenue de noblesse en date du 7 septembre 1576 pour lui et son oncle
Antoine. Ils furent suivant les termes de
l'arrêt « maintenus l'un et l'autre dans
leur noblesse de race comme descen-
dants en ligne masculine et directe de :
Honorable et discret seigneur, sire Guy
Filhol, chevalier, trésorier d'Agenais et
de Gascogne » (1).

Le 8 juillet 1616 Alain acheta à dame
Catherine de Chateauneuf pour la som-
me de 12,300 livres les maisons nobles
de Parenchère et Fourgonnières situées
paroisse du petit Ligueux, juridiction de
Sainte-Foy (2).

---

(1) Arch. mun. de Sainte-Foy-la-Grande.

(2) Guinodie. *Histoire de Libourne*, t. III. p. 7
et suiv.

Alain était avocat au Parlement de Bordeaux (1) ; il avait épousé Anne Fauveau veuve de Thomas Brugière (2) Il ne vivait plus en 1624, car le 2 mai de cette année sa veuve fournit au roi un aveu et dénombrement (3) ; il eut de son mariage, Alain qui suit.

V. — Alain de Filhol, écuyer, seigneur de Parenchère, gentilhomme ordinaire de la chambre du roi (par lettres de provision de l'année 1637) (4), épousa le 23 janvier 1637 Jeanne de Ségur, fille de messire Daniel de Ségur, écuyer, seigneur de Ponchat et de dame Marguerite de Bonnières (5).

---

(1) Guinodie, *Histoire de Libourne*, t. III, p. 7 et suiv.

(2) Bourgeois de Bergerac auteur de la famille de Brugière.

(3) Arch. du chât. de Ramondon.

(4) Arch. mun. de Sainte-Foy-la-Grande.

(5) Cette Marguerite de Bonnières avait épousé en premières noces par contrat du 31 août 1607, Jean de Lacroix, écuyer, seigneur de Couronneau, fils de messire Pierre de Lacroix et de dame

Il fut délégué par la noblesse de Sainte-Foy pour nommer un député de la noblesse de la sénéchaussée aux Etats du 23 février 1649.

Le 30 juillet 1654 Alain rendit hommage à l'archevêque de Bordeaux pour la maison noble de Mézières (1) que sa femme lui avait apportée en dot.

Le 1er octobre 1654 le sieur Salomon, commissaire nommé par le roi déchargea noble Alain de Filhol du droit de franc-fief sur la simple présentation de ses titres de noblesse (2),

---

Catherine de Chateauneuf dont il a été parlé cidessus. Jean de Lacroix, est-il dit dans les Archives du château de Couronneau, mourut de mort tragique à Sainte-Foy en l'an 1614. — Malgré nos recherches, il ne nous a pas été possible d'avoir plus de détails sur cette mort.

(1) La maison noble de Mézières, gracieuse habitation dont l'aspect a aujourd'hui complètement changé, a eu l'honneur de loger deux rois de France : Henri IV et Louis XIII à leurs voyages à Sainte-Foy. Il ne subsiste plus rien des anciennes constructions. Située dans la commune de Port-Sainte-Foy, sur les rives de la Dordogne, elle a cessé d'appartenir à la famille de Filhol depuis la Révolution.

et le 1er mars 1657 le Parlement de Bordeaux l'autorisa à faire enregistrer ses titres.

Le 20 mars de la même année une ordonnance le maintenait dans sa noblesse d'extraction (1).

Le 10 novembre 1647 Alain fit son testament ; il était protestant mais il avait promis en se mariant de faire élever ses enfants dans la religion catholique ; cette clause fut fidèlement observée et depuis cette époque la famille de Filhol a toujours été catholique (2) De son mariage avec Jeanne de Ségur il a eu :

1. Marguerite mariée avec messire Antoine de Chillaud (3), écuyer, sieur

(2 *de la p. préc.*) Arch. mun. de Sainte-Foy-la-Grande, carton Noblesse.

(1) *Idem.*

(2) *Idem.*

(3) Antoine de Chillaud fut maintenu dans sa qualité de noble et d'écuyer par ordonnance de M. Bazin de Bezons du 23 avril 1698.

La famille de Chillaud qui compte un grand nombre de maires de Périgueux, doit son illus-

, de la Lande, des Fieux, capitaine d'infanterie dans le régiment de Clérambault, fils de messire Bertrand de Chillaud des Fieux, chevalier, seigneur de La Chapelle des Fieux, Chercuzac et autres places, vice-sénéchal du Périgord et de dame Isabeau de Fayolles (1).

---

tration à Jean de Chillaud, seigneur des Fieux, homme d'armes de la compagnie du seigneur comte des Cars qui, secondé par quelques-uns de ses compatriotes et par son frère Antoine de Chillaud, seigneur de Fonlosse, délivra la ville de Périgueux, le 26 juillet 1581, du joug des huguenots sous lequel les catholiques gémissaient depuis 1575. (Voyez *Armorial du Périgord*, t. 1er, p. 160.)

Elu maire de Périgueux le 2 août suivant, Jean de Chillaud reçut de ses concitoyens le titre de libérateur de la ville, et le roi Henri III lui accorda. ainsi qu'à son frère Antoine, à la date du mois de mars 1584, des lettres de noblesse pour eux et leur postérité.

Le dictionnaire de la noblesse, de Courcelles, dit que d'Hozier a donné à cette famille les armoiries d'une maison du même nom en Poitou et que les Chillaud de la branche des Fieux portaient : *De gueules au lion d'or tenant en pal un caducée d'argent accompagné de 3 besants d'argent rangés 2 en fasce et un en pointe,* avec cette devise par allusion à la délivrance de Périgueux : *Cum civibus libertatem præsto.* (Note du comte de Saint-Saud.

Par cette alliance le château de Parenchère passa dans la maison de Chill-
laud; de ce mariage vinrent: *a.* Jean de
Chillaud baptisé, le 29 juillet 1660 (1);
b. Jean-Izaac de Chillaud, né le 5 mai
1668.

2. Madeleine, née à Parenchère le
14 novembre 1647. Elle épousa messire
Pierre de Grailly, chevalier, seigneur
de Lavaignac, Castégens et autres places, fils de messire Geoffroy de Grailly,
chevalier, seigneur desdits lieux et de
dame Angélique Daffis (2).

Pierre de Grailly étant mort le 11 août

(1 *de la p. préc.*) Fille de Philippe de Fayolles,
écuyer, seigneur de Fayolles et de Catherine de
Taillefer. Mariée par contrat du 5 novembre
1613. (*Arm. général* de d'Hozier, reg. 1, p. 140.)

(1) Il eut pour parrain Jean de Chillaud, chevalier, seigneur de la Chapelle-Gonaguet, comte
de Périgueux, baron de Lansinade et pour marraine Jeanne de Ségur sa grand'mère maternelle.
(Actes de l'état-civil de Sainte-Foy-la-Grande.)

(2) La famille Daffis était très connue en
Guienne. L'*Armorial des Landes* cite Jean Daffis,
chevalier, président au Parlement de Bordeaux
qui était peut-être le père de cette Angélique
Daffis.

1665 Madeleine contracta un second mariage le 22 juillet 1668 avec messire Gaston de Guerre (1), écuyer, fils de messire Jean de Guerre et de dame Elizabeth de Grailly, cousin germain de feu son premier mari. Elle obtint pour ce mariage des dispenses portant permission de mariage données sur parchemin scellées du grand sceau à Saint-Germain en Laye le dernier juin 1669.

Madeleine mourut dans sa maison de Castillon le 27 juillet 1685, laissant quatre enfants du deuxième lit, et deux du premier.

Du 1ᵉʳ mariage : *a.* Jean de Grailly, chevalier, seigneur de Lavaignac, Castégens, Andron et autres places, marié le 27 juin 1685 au château de Montpont sous les auspices de très haute et très puissante dame Henriette de Foix-Candalle, princesse de Buch (2), avec

---

(1) Vieille famille noble du pays de Nouvelle Conquête qui porte : *D'azur* (aliàs *de gueules*) *à 3 fasces d'argent.*

(2) Guinodie. *Histoire de Libourne.*

Suzanne-Henriette de Ségur, fille de messire Jean de Ségur, seigneur de Montazeau et de dame Elizabeth de Taillefer ; il décéda en avril 1724 laissant plusieurs enfants ; *b*. Marie-Angélique de Grailly, qui contracta mariage le 29 octobre 1686, avec messire Charles de Ségur-Montazeau, chevalier, seigneur de Cabanne, frère d'Henriette, femme de Jean, dont il a été parlé ci-dessus.

Du second mariage : *c*. Geoffroy-Pierre de Guerre, écuyer, sieur du Petit Moulin qui épousa Catherine de Casaulx, veuve en 1742 ; *d*. Jean de Guerre, écuyer, marié par contrat du 2 août 1708 avec Jeanne de Solminihac, fille de messire André de Solminihac et de Marie d'Abzac de Ladouze ; *e*. Izabeau ; *f*. Madeleine.

3. Gaston, né le 30 mars 1651, il n'existait plus en 1670.

4. Daniel, qui suit.

5. Antoine, écuyer, seigneur de Mézières et de Parenchère, épousa le 19

novembre 1674 Elizabeth de Gordiéges, d'une ancienne famille noble de l'Agenais, où elle possédait les seigneuries de Lescalle et de Maziéres (1).

Le 22 mai 1685 Antoine rendit hommage à l'archevêque de Bordeaux pour sa maison noble de Mézières ; et le 20 mars 1690, il passa une transaction avec son frère Alain-Daniel (2).

En 1693 il assista au mariage de messire Jean-Izaac de Belcier (3) seigneur de

---

(1) En 1694 noble Armand de Gordiège fait aveu et dénombrement au roi pour ladite seigneurie de Maziéres, juridiction de Villeréal en Agenais. (Arch. départ. de la Gironde, C. 4155.)

(2) Guinodie. *Histoire de Libourne*, t. iii, p. 8 et suiv.

(3) Les de Belcier sont connus en Périgord dès le xvᵉ siècle. Un Guillaume Belcier était maire de Périgueux en 1457 et en 1478. Armes : *D'azur à la bande ondée d'or accompagnée en chef d'une étoile d'argent*. Jean-Izaac de Belcier était fils de messire Jeannetin de Belcier, chevalier, seigneur de Gensac, Matécoulon et autres places et de dame Madelaine de Ségur. Il avait épousé en premières noces par contrat du 15 janvier 1689 Marguerite de Calvimont.

Matécoulon, son cousin, avec Judith de Queyssac (1).

Antoine de Filhol fut consul de Ste-Foy de 1684 à 1689.

Il fut maintenu dans sa noblesse par sentence du 11 août 1698.

En 1721 il fit son testament et décéda l'année suivante laissant : Suzanne de Filhol comme héritière universelle- de son père, elle rendit hommage le 28 octobre 1725 à l'archevêque de Bordeaux (2).

Le 13 juin 1756 elle tint sur les fonts baptismaux Jean-Joseph de Tascher, fils de messire Joseph de Tascher, écuyer, seigneur de Mensignac et de dame Françoise de Bérard (3).

---

(1) Judith de Queyssac était fille de messire Jean de Queyssac, écuyer, conseiller secrétaire du roi en la chancellerie près la Cour des Aides de Guienne et de feue dame Elizabeth de Grenoilleau.

(2) Arch. départ. de la Gironde, G. 164.

Antoine de Filhol avait eu une autre fille, Charlotte de Filhol, qui décéda toute jeune, le 17 octobre 1682. (Note du comte de Saint-Saud.)

(3) Françoise de Bérard, née à Vélines le

Joseph de Tascher était fils de N... de Tascher, écuyer, sgr de Lapeyride et de Judith Masmontet des Réaux (1).

Suzanne de Filhol décéda à Sainte-Foy le 26 avril 1760 âgée de 82 ans, elle fut ensevelie dans l'église de cette ville.

6. Seréne - Charlotte, mariée avec Me Bernard de Conche, (2) avocat au Grand conseil du roi, son conseiller et son juge à Villeréal; de ce mariage : Marie de Conche, mariée par contrat du 21 janvier 1720 avec messire Arnaud de Lard, chevalier, seigneur de Buscou (3).

7. Gabriel-Barthélemy-Romain, chevalier, seigneur de Saint-Aulaye, con-

---

15 janvier 1725 était fille de messire Antoine de Bérard, écuyer (maintenu dans sa noblesse par ordonnance du 11 septembre 1697) et de Marie Fournier. (Registres paroissiaux de Vélines.)

(1) Judith Masmontet dont le frère Jean, sieur de la Brande, lieutenant dans le régiment de Normandie fut tué pendant les guerres de Flandre. Ils étaient fils de Hélie Masmontet des Réaux et de Ysabeau de Bessot. (Reg. par. de Nastringues et Arch. du château de Fayolles.)

(2) Notes du comte de Saint-Saud.

(3) *Idem.*

seiller au Parlement de Bordeaux, ne paraît pas s'être marié ; il vivait encore en 1772, et à cette époque il acheta à Marie-Françoise Chastaigner de la Chataigneraie, fille de Marc de Chastaigner de la Chataigneraie, chevalier, seigneur de Sainte-Foy, la maison noble de Sainte-Aulaye, située dans ladite paroisse (1).

VI. — Alain-Daniel de Filhol, écuyer, seigneur de Parenchère, épousa par contrat du 6 septembre 1697 Suzanne de Rigaud, fille de feu noble Pierre de Rigaud, écuyer, seigneur de Grandfont et de feu Suzanne de la Coste ; il habitait la juridiction de Lisse en Condomois. En 1716 un arrêt de maintenue de noblesse fut rendu en sa

(1) Arch. départ. de la Gironde, G. 168.

La maison noble de Saint-Aulaye, située sur la Dordogne, paroisse de Saint-Aulaye, canton de Vélines, appartient aujourd'hui à Madame L. Durège de Beaulieu.

faveur par la Cour des Aides et finan-
ces de Guienne (1).

Devenu veuf il se remaria avec Angélique du Chivet, dont il n'eut qu'une
fille : Claire de Filhol, décédée le
21 octobre 1702 (2).

Quatre de ses enfants étaient vivants
lorsqu'il testa le 28 juin 1713 (3) (il les
avait eu de son premier mariage),
c'étaient : 1. Etienne, mort jeune ;
2. Louis, dont l'article suit ; 3. Jean,
écuyer (auteur de la branche cadette
dite de Gironde, dont l'article suivra) ;
4. Henrie, demoiselle, décédée au Joncblanc, paroisse de Vélines le 17 février
1748, sans avoir été mariée, son corps
fut enseveli dans l'église de Vélines (4).

VII. — Louis de Filhol, écuyer,

---

(1) Arch. mun. de Sainte-Foy-la-Grande.

(2) Reg. par. de Vélines.

(3) Arch. dn.chât. de Fayolles.

(4) Reg. par. de Vélines.

épousa par contrat du 1er février 1733 (1), Jeanne de Rigaud du Marchet, fille de messire Pierre de Rigaud, écuyer, sieur du Marchet et de Elizabeth de Lajonie (2). Il fut maire de Sainte-Foy en 1769 et 1770 et décéda âgé de 79 ans le 19 janvier 1780. Toute la noblesse et les ordres religieux de Sainte-Foy assistèrent en corps à ses funérailles. Son corps fut enseveli dans l'église de Sainte-Foy (3); il a eu de son mariage :

1. Suzanne, née au Joncblanc le 19 juin 1734 fut baptisée dans l'église de Vélines le 29 juin de la même année et eut pour parrain messire Pierre de Rigaud, seigneur du Marchet représenté par messire Etienne de Filhol seigneur de Cou-

---

(1) Maintenue de noblesse de 1772 aux Arch. de Sainte-Foy-la-Grande.

(2) Elizabeth de Lajonie était fille de Denis de Lajonie, sieur de Saint-Nazaire et de dame Jeanne Jauge. Elle avait épousé par contrat du 15 juillet 1699 messire Pierre Rigaud, écuyer, seigneur du Marchet, fils de noble Pierre Rigaud, écuyer, seigneur de Grandfont et de dame Suzanne de Lacoste.

(3) Reg. par. de Sainte-Foy-la-Grande.

ronneau et pour marraine dame Suzanne
de Rigaud de Filhol de Parenchère (1).

Elle épousa à Sainte-Foy par contrat
du 14 mai 1764 messire Jean-Louis de
Moutard, écuyer, mousquetaire du roi,
fils de messire Martial de Moutard (2)
de Lassaigne ét de feu dame Marie de
Cazenave habitants de la paroisse de
Monguiard en Périgord. Le mariage eut
lieu en présence de messire Francois-
Antoine de Bérard, écuyer, prêtre et
docteur en théologie et prieur de Mar-
gueron et de Saint-André de Cabose,
de messire N... de Bonnières, écuyer,
chevalier de l'ordre royal et militaire de
Saint-Louis, de messire Jean-Joseph de
Gastebois, écuyer, major d'infanterie et
d'un grand nombre de parents et amis (3);

(1) Reg. par. de Vélines.

(2) Martial de Moutard, beau-père de Suzanne
de Filhol, avait épousé en premières noces demoiselle Jeanne de Coursou dont il avait eu :
Armand de Moutard, seigneur de Lassaigne (1728)
marié à sa cousine Jeanne de Moutard.

(3) Reg. par. de Vélines et notes particulières
de la famille de Moutard.

2. Marie-Henrie, née au Joncblanc, paroisse de Vélines vers le 20 janvier 1736 fut baptisée le 27 du même mois et eut pour parrain messire Etienne de Filhol seigneur de Couronneau et pour marraine Marie Fournier, dame de Bérard (1);

3. André-Suzanne de Filhol née le 21 avril 1737 décédée à Vélines le 20 février 1748 (2);

4. Louis-Antoine, dont l'article suit;

5, Jean, né le 18 septembre 1738, baptisé le 3 novembre de la même année décéda à Vélines, à l'âge de 9 ans le 21 février 1748 (3);

6. Suzanne-Angélique, née le 15 janvier 1741, baptisée le lendemain dans l'église de Vélines, eut pour parrain messire Charles-Joseph de Ségur de la

---

(1) Reg. par. de Vélines.

(2) *Idem.*

(3) *Idem.*

Roquette et pour marraine demoiselle Suzanne de Filhol (1).

Par acte passé le 16 août 1765 Angélique de Filhol afferma à M⁰ Jean Charpentier, dit Bontemps, moyennant la redevance annuelle de 71 livres 10 sols, le droit de passage qu'elle possédait sur la Dordogne (2).

VIII. — Louis-Antoine de Filhol, chevalier, seigneur de Mézières, Couronneau (3), la Cabanne et autres lieux,

------

(1) Reg. par. de Vélines.

(2) La famille de Filhol jouissait de moitié avec le roi du passage de la Dordogne en aval de Sainte-Foy à cause de la maison noble de Mézières. (Arch. du chât. de Ramondon.

(3) Ce fief de Couronneau n'est pas le même que celui cité précédemment à l'article de Louis Alain de Fillol.
Le premier, qui est situé dans la paroisse de Petit-Ligueux, a appartenu successivement aux de Lacroix, Rochefort Saint-Angel, de Meyssonnès et de Cartier. Il est aujourd'hui la résidence de M. Edmond de Cartier, dont la bisaïeule était la dernière des Meyzonnès.
Le second, celui dont les Filhol furent possesseurs, est situé sur les rives de la Dordogne, en aval de Sainte-Foy, dans la commune d'Eynesse.

épousa le 23 août 1763 Marie-Jeanne de Moutard, fille de messire Martial de Moutard de Lassaigne et de dame Marie de Cazenave.

En 1767, Louis-Antoine tint sur les fonts baptismaux Anne-Madeleine de Fonvieille, fille de messire Hilaire de Fonvieille (1) et de dame Madeleine de Bacalan.

Le 12 novembre 1772 ayant été inquiété dans sa noblesse, il adressa une requête à la Cour des Aides de Guienne qui rendit pour lui et son frère Antoine un arrêt qui les confirmait dans leur noblesse d'extraction (2).

Louis-Antoine de Filhol, devenu veuf très jeune, se remaria avec Marie-Anne

---

(1) Hilaire de Fonvieille, fils de messire Jean-Elie de Fonvieille, et de feu Marthe du Prat, avait épousé par contrat du 28 septembre 1763, passé dans la maison noble de Maugarnit, juridiction de Pujols, demoiselle Madeleine de Bacalan, fille de Pierre de Bacalan, chevalier, seigneur de Maugarnit et de dame Jeanne Depon de Monteton. (Arch. du chât. de Fayolles.)

(2) Arch. mun. de Sainte-Foy-la-Grande.

de Peyruchaud, par contrat du 15 décembre 1780, passé en présence de messire Pierre de Tasque, chevalier, ancien lieutenant-colonel du régiment de Saintonge, et de messire Sylvain de Belleville, ancien officier (1). Il décéda peu après et n'eut point d'enfants de ce mariage. Sa veuve habitait Sainte-Foy; elle acheta par contrat du 12 février 1785 (retenu par Brun, notaire royal), une maison sise dans la rue Saint-Jacques de cette ville et appartenant au sieur Mathieu Collineau Pelletrau (2); cette maison relevant en fief du roi, elle lui en rendit hommage quelques jours après et la revendit par contrat du 1er septembre de la même année, à M. Jean de Masmontet (3), seigneur de Nastringues, conseiller du roi, rapporteur du point d'honneur, près les

---

(1) Arch. de Sainte-Foy-la-Grande.

(2) Arch. du chât. de Fayolles.

(3) Fils aîné de Joseph de Masmontet de Fonpeyrine et de dame Suzanne de la Broue.

maréchaux de France, et ancien gendarme de la garde du roi (1).

De son premier mariage Louis-Antoine de Filhol a eu :

1. Martial, dont l'article suit ;

2. Marie, qui épousa par contrat du 9 février 1787, M. Pascal de Laguette.

IX. — Martial de Filhol, écuyer, chevalier de l'ordre royal et militaire de Saint-Louis, seigneur de Mézières et de Couronneau, naquit le 6 mai 1765. D'abord, il embrassa la carrière de la marine, mais la mort de son père vint changer ses projets. Il habitait tantôt Mézières, tantôt Sainte-Foy, Le 23 décembre 1788, il assista à l'Assemblée de la noblesse de la juridiction de Sainte-Foy et pays de Nouvelle Conquête, qui se tint dans l'église des RR. PP. Récollets, et le 24 nous voyons son

---

(1) Arch. du chât. de Fayolles et reg. par. de Nastringues.

nom figurer parmi les signatures des gentilshommes qui assistèrent à ladite assemblée, dans laquelle ils nommèrent pour leur député Monsieur de la Séguinie, lieutenant-colonel de cavalerie (1).

Le 28 octobre 1791, messire Martial de Filhol émigra ; il rejoignit le corps d'armée commandé par le duc de Bourbon et un peu plus tard s'attacha au prince de Condé, dont il suivit la fortune. Il servit quelque temps dans l'infanterie, avec le grade de capitaine. Rentré en France, en 1801, il trouva tous ses biens confisqués ou vendus.

En 1816, le roi Louis XVIII reconnaissant son attachement à la royauté, et ses nombreux services, le fit chevalier de Saint-Louis (2).

Martial de Filhol décéda le 12 octobre 1856, à l'âge de 91 ans, ne laissant de Claire Meyjaume, qu'il avait épou-

---

(1) Arch. mun. de Sainte-Foy-la-Grande.
(2) Papiers de la famille de Filhol.

sée le 23 décembre 1832, qu'une fille,
Marie, qui suit:

Marie de Filhol épousa le comte
Louis-Christophe-Edouard de Caillè-
res (1), fils cadet du marquis Louis de
Caillières et de dame Suzanne-Anne
Naux des Martinaux; de ce mariage:

a. Anne de Caillières, non mariée;

_____

(1) La famille de Caillières, très ancienne en
Saintonge et qui a une de ses branches fixée en
Périgord, s'est alliée aux Montmorency, Laroche-
foucauld, de Fart, de Malet, etc. Elle a fourni de
nombreux officiers aux armées de terre et de mer,
des chevaliers de Saint-Louis, un chevalier de
Malte en 1524, un gouverneur de Cherbourg et
le chevalier de Caillères, qui fut vice-roi au
Canada.

François, marquis de Caillères, seigneur de
Clérac, né à Thorigny en Normandie, en 1645,
mort en 1717, appartenait aussi à cette famille.
Envoyé en Pologne par la maison de Longueville
en 1672 pour faire élire roi le jeune duc (tué la
même année au passage du Rhin); l'habileté qu'il
y montra le fit employer par Louis XIV aux né-
gociations secrètes qui préparèrent la paix de
Ryswick où il fut un des plénipotentiaires français. Il avait la charge de secrétaire du cabinet,
et fut reçu à l'Académie française en 1689. Il a
laissé de nombreux écrits.

La famille de Caillères porte : *De sable, à
3 fasces ondées d'or*; aliàs : *D'argent, à 3 fasces
contrebretessées de sable.*

b. Jehan, vicomte puis comte de Caillères, depuis 1890, domicilié au château de Bonnières, canton de Vélines (Dordogne), marié par contrat du 11 juillet 1877, avec sa cousine, Anne de Filhol, fille de Joseph Armand de Filhol et de Hermance Dumas, dont : 1. Suzanne ; 2. Marguerite ; 3. Alain ; et 4. Bernard de Caillères de Filhol.

BRANCHE CADETTE

(DITE DE GIRONDE)

VIII. — Jean de Filhol, écuyer, seigneur de Couronneau, troisième fils de messire Alain-Daniel de Filhol et de Suzanne de Rigaud de Grandfont, né en 1715; il épousa par contrat du 22 décembre 1748, Marie de Bonneuil, fille de messire Antoine de Bonneuil (1), ancien lieutenant du régiment royal de la Marine et de Jeanne d'Escure (2).

---

(1) Antoine de Bonneuil était fils de M. Pierre de Bonneuil, capitaine au régiment de Turenne et de demoiselle Anne Charrier.

(2) Jeanne d'Escure était fille de M. Daniel d'Escures, conseiller du roi et son procureur au siège royal de la ville de Cauderot, notaire royal de la même ville et de feue Pétronille Laroche. Jeanne d'Escure testa le 23 juillet 1762. (Arch. du chât. de Ramondon.)

Le 30 juillet 1768, il fit un partage avec son frère Louis-Antoine, des biens délaissés par leur père.

Il testa le 20 novembre 1773 et décéda le 27 avril 1774; son corps fut inhumé dans l'église paroissiale de Gironde; il laissa de son mariage : 1. Louis-Henry, chevalier, seigneur de Joncblanc, décédé sans avoir été marié; 2. Louis-Antoine, dont l'article suit ; 3. Pierre-Arnaud, écuyer, né le 6 décembre 1731, baptisé à Vélines le lendemain, fut tenu sur les fonts baptismaux par messire Pierre-Gaspard de Langalerie et par Suzanne de Filhol, mort jeune ; 4. Suzanne, née le 21 octobre 1753, baptisée dans l'église de Vélines le 22 du même mois, eut pour parrain messire Jean de Tascher, représenté par messire Pierre Rigaud, écuyer, seigneur du Marchet, et pour marraine Suzanne de Filhol de Mézières. Toute jeune elle entra en religion chez les Dames de la Foi, à Sainte-Foy-la-Grande. Lorsqu'arriva la Révolution elle était supérieure des novices de la communauté. Les religieuses ayant été chassées de leur couvent, Suzanne se retira chez elle et y décéda vers 1840, en odeur de sainteté.

IX. — Louis-Antoine de Filhol, chevalier, seigneur de Couronneau, Joncblanc et autres lieux, épousa par contrat du 27 juin 1781 Anne Bouchereau, fille de Me Bernard Bouchereau, avocat au Parlement de Bordeaux, et juge en chef civil et criminel de la ville de Cauderot; de ce mariage vinrent 5 enfants : 1. François, décédé à 21 ans, non marié; 2. Raymond-Bernard, qui a continué la descendance ; 3. Nicolas-Delile, embrassa comme son frère la carrière militaire; il était arrivé au grade de capitaine d'infanterie, chevalier de la Légion d'honneur depuis la campagne d'Espagne et sa carrière promettait d'être brillante quand il mourut à Metz vers 1828; il ne s'était pas marié ; 4. Anne-Marie, morte jeune ; 5. Thérèse-Aimée, mariée à N... Castaing de la Barthe.

X. — Raymond-Bernard de Filhol, chevalier, embrassa la carrière militaire. En 1818 il épousa mademoiselle N. de Péros-Mandis, fille de M. Joseph de Péros-Mandis et de Marie-Adelaïde Cazaubon; de ce mariage : 1. Joseph-Armand, dont l'article suit; 2. Marie-Clémence, mariée à M. Olivier, dont : Henry Olivier, qui a épousé Mlle Colignon d'Haraigne, dont une fille Marie-Louise.

XI. — Joseph-Armand de Filhol, épousa par contrat du 21 janvier 1847 Hermance Dumas; il fit restaurer magnifiquement l'ancienne maison noble de Ramondon (1), où il est décédé le 13 février 1890, ne laissant que deux filles : 1. Louise-Charlotte; 2. Anne. Avec lui s'est éteinte dans les mâles la maison de Filhol, mais il a exprimé

(1) Située paroisse de Capian (Gironde), habitée aujourd'hui par sa veuve, madame H. de Filhol.

le vœu dans son testament que le nom de Filhol soit relevé par ses petits enfants :

1. Louise-Charlotte de Filhol a été mariée le 17 mai 1870 à Joseph Guénant, fils de Joseph-Dieudonné Guénant et de Marie-Antoinette Deschamps (1).

Joseph-Dieudonné Guénant, capitaine d'infanterie de marine, prit part en 1811 à la défense de Saint-Paul contre les Anglais ; il avait épousé Mademoiselle de Bernis, fille de M. de Pierre de Bernis, de la famille du célèbre cardinal (2).

Du mariage de Joseph Guénant et de Louise-Charlotte de Filhol, sont venus :

(1) La mère de Marie-Antoinette Deschamps était une demoiselle Chrestien de Gallet, dont la famille, connue en Bretagne depuis plus de 6 siècles, compte un chevalier croisé et un grand nombre d'illustrations. Armes : *De sinople à la fasce d'or accompagnée de 3 casques de même.*

(2) La famille de Bernis, originaire de Languedoc, est une des plus anciennes du Midi. Ses armes : *D'azur à la bande d'or accompagnée en chef d'un lion aussi d'or,* figurent à Versailles à la salle des Croisades.

1. Louis-Joseph-Jean, né le 22 mars 1871 ;
2. Jean-Dieudonné, né le 17 mai 1874 ;
3. Pierre-Marie-Robert, né le 10 septembre 1876.

2. Anne de Filhol, a été mariée le 11 juillet 1877, à son cousin le vicomte Jehan de Caillères, fils du comte Louis-Christophe de Caillères et de la comtesse de Caillères, née de Filhol, dont postérité mentionnée plus haut.

BERGERAC

Imprimerie Générale du Sud-Ouest

3, rue Saint-Esprit

www.ingramcontent.com/pod-product-compliance
Lightning Source LLC
Chambersburg PA
CBHW072022290326
41934CB00009BA/2166

* 9 7 8 2 0 1 2 5 4 6 5 4 7 *